AF377840

ALLOCUTION

PRONONCÉE PAR

Mᵍʳ OBRÉ, PROTONOTAIRE APOSTOLIQUE,

AU MARIAGE DE

Monsieur le Comte Alvares d'Alcantara

AVEC

Mademoiselle Marie-Thérèse de Gaudechart

DANS LA CHAPELLE DE LA NONCIATURE

A PARIS.

---

25 Avril 1876.

BEAUVAIS

Typ. D. PÈRE, Imprimeur de l'Évêché,

rue Saint-Jean.

S'il est une fonction à la fois grave et douce à remplir, c'est de représenter la sainte Eglise au rendez-vous que des fiancés, sincèrement et loyalement chrétiens, se sont donné au pied des autels, pour échanger leurs serments et s'unir par les liens sacrés du mariage. Le Ministre de la Religion, qui connaît la pieuse préparation de leurs cœurs, y trouve l'assurance consolante que la grâce du Sacrement sera bien reçue par eux et qu'elle ne restera pas stérile. Et quand, en même temps, il les voit environnés de deux familles éminemment religieuses, il ne sait rien augurer que de bon et d'heureux pour leur avenir; il ne peut que leur promettre d'abondantes bénédictions.

Ce touchant spectacle est celui que nous avons en ce moment sous les yeux. Souffrez, jeunes Epoux, que nous le disions bien haut, pour votre consolation réciproque et pour l'édification de cette honorable assistance, vous apportez l'un et l'autre à la réception de la grâce sacramentelle des dispositions qui en préparent et en garantissent la sainte fécondité. Votre foi et votre piété nous sont connues. Nous n'ignorons pas où vont vos pensées les plus chères et vos aspirations les plus ardentes. Nous n'avons, d'ailleurs, pour donner toute sécurité à nos espérances, nous n'avons qu'à nous rappeler de quel sang vous êtes issus, quelles mains vous ont élevés, de quelles traditions vous entendez vous porter les héritiers et les continuateurs.

Vous, cher et digne Epoux, vous appartenez à cette noble race dont la ferme attitude ne fléchit point sous la violence des courants révolutionnaires. Vous êtes le Fils d'un père toujours fidèle à Dieu et à l'Eglise, toujours dévoué aux grandes causes qui intéressent la liberté chrétienne et l'honneur du drapeau catholique. Jamais ce Père n'a hésité, Rome, la Belgique et l'Espagne peuvent en rendre témoignage, jamais votre Père n'a hésité à mettre son nom, son cœur et sa fortune au service de ses croyances religieuses et de ses convictions patriotiques. Et votre excellente Mère, votre Mère si regrettée, ne partageait-elle pas l'ardeur de sa foi ? Ne s'associait-elle pas cordialement à la générosité de ses sentiments et de ses actes ? Oh ! nous le savons, tant qu'il a plu à Dieu de les laisser ensemble, ils ont vécu dans l'harmonie des mêmes pensées, dans la pratique des mêmes vertus, dans le dévouement à toutes les œuvres dont la conscience ou des inspirations charitables leur faisaient entrevoir la sainteté. Leur union a été aussi heureuse qu'elle pouvait l'être, et si nous devons vous en souhaiter une plus longue, nous ne pouvons pas vous en souhaiter une meilleure.

Un jour pourtant, personne ne l'a oublié dans votre famille, vous avez vu vos chers Parents verser des larmes. Quelle était la cause de leur douleur ? Hélas ! Ils avaient perdu un fils chéri... Mais, comme ce fils avait sacrifié sa vie pour la défense du principat sacré, de ce principat que les vrais catholiques ne cesseront de revendiquer, comme ce fils est mort en héros chrétien, ils ont levé leurs regards vers le ciel, et essuyant leurs larmes, ils ont béni Dieu de s'être choisi un martyr parmi leurs enfants.

Tels sont, Monsieur le Comte, les exemples dont vous avez été témoin dans votre noble famille. Telle est l'atmosphère morale dans laquelle vous avez grandi. Votre âme s'est baignée chaque jour dans cet air si pur et si fortifiant, et elle y a pris cette trempe douce et ferme qui vous met en me-

sure de résister victorieusement aux assauts de
l'erreur et du mal. Aussi, des voix sûres nous l'ont
dit, avec l'émotion qu'excitent les plus vives satis-
factions du cœur : Alvares d'Alcantara marchera
fidèlement, lui aussi, sur les traces de son Père.
Il saura garder l'intégrité de sa foi et l'honneur
de son blason. Il ne dérogera point, l'on peut y
compter, et son Epouse n'aura qu'à remercier la
divine Providence d'avoir uni sa destinée à la
sienne.

C'est là, mon Enfant (permettez cette appellation
toute cordiale à un vieil ami de votre famille),
c'est là ce qui vous a touchée tout d'abord, et ce
qui vous rend l'heure présente si belle et si pré-
cieuse. C'est là ce qui vous console de l'ennui que
votre cœur, si français, a pu éprouver un instant,
à la pensée d'aller fixer votre séjour en un pays
qui n'est pas la France. Parfaitement édifiée sur
les principes et les sentiments du jeune homme
qui demandait votre main, vous vous êtes dit à
vous-même que là où l'on peut vivre de la même
foi, s'inspirer des mêmes idées, jouir d'affections
également sincères et non moins intimes, se
retrouve, sinon la Patrie elle-même, du moins
ce qui en fait le charme principal. Aussi bien vous
savez que la Belgique c'est presque la France,
que Belges et Français ne sont séparés ni par la

langue, ni par les habitudes sociales, ni par la
difficulté de se donner la main à travers la fron-
tière. Vous savez, par l'exemple de celle de vos
Sœurs qui vous a précédée et dont la tendre
amitié vous attire, vous savez que, pour
affectionner son pays d'adoption, l'on n'est
pas tenu de se rendre indifférent à celui de sa
naissance. Si heureuse que soit cette digne Sœur,
là où la Providence l'a conduite, est-elle devenue
une étrangère pour nous ? Son cœur ne se plaît-il
pas toujours à honorer et à visiter la France ?

Oui assurément ; et vous ferez comme elle,
jeune Epouse, nous n'en pouvons douter. Vous
aimerez très-cordialement votre nouvelle Patrie,
où vous serez fêtée, où vous serez aimée aussi ;
mais vous ne cesserez pas néanmoins d'aimer la
terre natale, d'aimer la France. La France !...
Votre famille y a jeté des racines si profondes ;
depuis les temps héroïques de notre histoire, depuis l'époque des Croisades où les Gaudechart
ont si noblement figuré, votre famille a mis au
service de son pays, pendant le cours des siècles,
tant de fidélité et tant de vaillance, que ses des-
cendants, où qu'ils puissent être, ne sauraient
oublier que la France est leur première Patrie. La
France !... hélas ! à l'heure où nous sommes,
elle a tant besoin d'être aimée par tous ceux qui

connaissent sa situation, que ses vrais enfants, fussent-ils au bout du monde, ne peuvent se dispenser de reporter vers elle leurs pensées et leurs préoccupations les plus sympathiques.

Je parle de la France ; mais le foyer domestique ne sera-t-il pas tout particulièrement l'objet de vos bons et fidèles souvenirs ? Ah ? j'en suis bien sûr, cet aimable et religieux sanctuaire de la famille sera toujours cher à votre piété filiale. C'est là que vous avez goûté vos meilleures joies et que vous avez entendu les plus sages conseils. C'est là que vos yeux ont constamment rencontré, dans les exemples de votre père, l'image des vertus les plus solides, d'une foi profonde, d'une religion vraie et édifiante, d'une loyauté parfaite. C'est là que vous avez joui des soins intelligents et affectueux de la plus tendre des mères.

Cette mère, si bonne et si dévouée, consent à votre éloignement, parce qu'elle sait où vous allez et à qui elle vous donne. Mais, vous partie, vous la dernière de ses filles, elle trouvera sa maison bien vide. Vous ne serez plus là, pour l'aider par vos prévenances et vos attentions délicates, à supporter les souffrances qui sont venues l'atteindre. Vous sera-t-il impossible toutefois de lui offrir quelque dédommagement ? Oh ! laissez-moi vous le dire, vous

ferez, avec vos excellentes sœurs, un pacte pieux
que tous les intéressés s'empresseront de ratifier,
j'en suis certain, le pacte de visiter aussi souvent
que possible la maison paternelle et d'y rapporter
ces effusions de cœur qui consolent les parents
des séparations obligées.

Et là-bas, avec quelle sollicitude consciencieuse
vous remplirez les devoirs de votre position !
Quel empressement affectueux pour répondre aux
bontés de votre Epoux, et quelle déférence atten-
tive pour sa douce autorité ! quels égards préve-
nants pour tous les membres de la famille honorable qui vous ouvre son sein ! Quel respect filial
pour son chef éminent, pour ce Patriarche vénéré
dont vous allez porter le nom ! Et si Dieu vous
fait la grâce d'être mère, comme vous vous ef-
forcerez d'entrer dans les vues de la divine Providence ! Comme vous saurez dépenser ce que
vous avez d'intelligence et de cœur, pour que vos
enfants grandissent dans les vertus et les sentiments qui font l'honneur des deux familles !
Comme vous leur donnerez, comme vous donnerez à tous ceux qui vous entoureront, l'exemple
d'un christianisme dignement et saintement pra-
tiqué !

Tous les deux, chers Epoux, vous rivali-
serez de bon vouloir pour l'accomplissement

des obligations que votre nouvel état va vous imposer. Ensemble, vous marcherez courageusement dans la vie, toujours unis dans l'amour du bien, vous appuyant toujours l'un sur l'autre pour mieux assurer vos pas, ne perdant jamais de vue le but suprême assigné à l'existence humaine. Et c'est ainsi, je me plais à vous l'annoncer à l'avance, que vous jouirez d'un vrai et solide bonheur.

Est-ce à dire pourtant que, pendant le voyage, vous ne ferez aucune rencontre fâcheuse, que votre ciel ne sera jamais obscurci par aucun nuage, que vous ne verrez se former sur votre tête aucun orage menaçant, que vos jours, en un mot, seront à l'abri de toute épreuve? Ah! qui peut se promettre un tel avenir, aux temps agités où nous vivons? Aujourd'hui, sans doute, tout vous sourit, tout charme vos yeux et vos pensées. Votre barque va quitter joyeusement le port et s'engager sur des eaux tranquilles. Elle est toute parée de fleurs et déjà sa voile confiante s'enfle gracieusement sous la brise favorable qui vient la caresser. Du rivage, toutes les mains vous envoient les saluts les plus sympathiques, et tous les cœurs y font les vœux les plus ardents pour votre heureuse traversée. Mais personne pourtant ne saurait prévoir, avec certitude, comment la mer se comportera vis-à-vis de la barque bénie qui emporte tant de souhaits et tant d'espérances.

Quoiqu'il advienne, quelle que soit la violence des vents contraires, ne craignez rien. Le Seigneur Jésus a attaché au Sacrement que vous allez recevoir des grâces puissantes, de saintes énergies à l'aide desquelles vous parviendrez, je ne dis pas à écarter tout obstacle sur votre route et à supprimer toute cause de chagrin dans votre vie, mais du moins à honorer les situations difficiles par le courage, à sanctifier l'épreuve par la patience, à goûter la paix de l'âme dans une soumission pleine et entière aux dispositions adorables de la divine Providence.

Et puis, que n'avez-vous pas à vous promettre des bénédictions qui vont vous être données en un tel lieu et par des mains si vénérées ! La Maison dont les portes se sont ouvertes devant vous, est, à le bien prendre, une annexe et comme une extension du Vatican. L'éminent Prélat qui va recevoir vos engagements mutuels et les ratifier devant Dieu, est l'Ambassadeur du grand Pontife dont l'univers catholique admire la sainteté, écoute la parole infaillible et exalte la gloire incomparable. C'est Pie IX qui, par le ministère auguste de son digne Représentant, va bénir votre union. Quel bonheur pour vous et pour les vôtres, et en même temps quel honneur à garder dans vos souvenirs et dans l'histoire de votre famille! Oh! vous le sentez, cette faveur insigne vous oblige. Vous contractez avec le Pape une dette spéciale de reconnaissance et de dévouement, et les liens qui vous attacheront au Siége apostolique, ne devront pas être moins sacrés et moins indissolubles que ceux qui vont se former entre vous par le saint Mariage.

Pour ma part, je remercie Son Excellence de m'avoir permis d'élever la voix et de célébrer le Saint-Sacrifice dans le sanctuaire qui est tous les jours témoin de ses communications intimes avec Dieu, où son cœur répand de si ferventes prières pour l'Eglise romaine, et aussi, nous en sommes persuadés, pour la France, sa fille aînée.

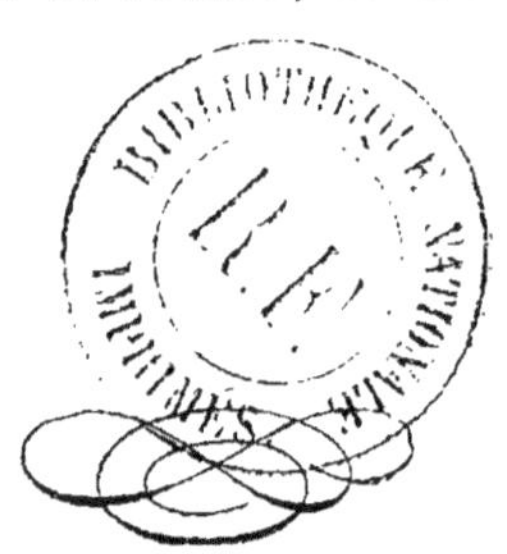

9 782019 314453